Sophie Z.

Edouard Manet's "Im Wintergarten": Bildbeschreibung & Forschungsstand

GRIN Verlag

Bibliografische Information der Deutschen Nationalbibliothek:

Die Deutsche Bibliothek verzeichnet diese Publikation in der Deutschen National-
bibliografie; detaillierte bibliografische Daten sind im Internet über http://dnb.d-
nb.de/ abrufbar.

Impressum:

Copyright © 2013 GRIN Verlag GmbH
Druck und Bindung: Books on Demand GmbH, Norderstedt Germany
ISBN: 978-3-656-49007-4

Dieses Buch bei GRIN:

http://www.grin.com/de/e-book/232155/edouard-manet-s-im-wintergarten-bildbe-
schreibung-forschungsstand

Bildbeschreibung & Forschungsstand zu Edouard Manets ‚Im Wintergarten' (1879)

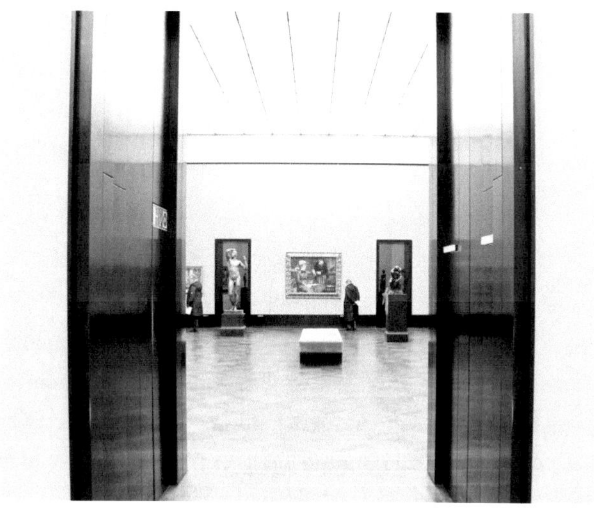

Inhaltsverzeichnis

1. Bildbeschreibung

Edouard Manet's ‚Im Wintergarten', zu betrachten in der Alten Nationalgalerie in Berlin, befindet sich in einem grau-blau ausgehangenem Raum mit weiteren französischen Künstlern.

Es hängt sehr präsent an der Frontseite und ist schon in der Vorhalle durch den Türrahmen in einem schweren goldenen Rahmen zu erblicken.

Bei diesem Werk handelt es sich um ein querrechteckiges Bild im Format 115 x 150cm, gemalt mit Öl auf Leinwand. Manet datierte sein Kunstwerk gemeinsam mit seiner Signatur direkt im Bild auf das Jahr 1879, also eine sichere Datierung durch den Künstler selbst.

Der Künstler hat bei seinem Doppelportrait die Zentralperspektive gewählt, der Betrachter nimmt das Geschehen auf Augenhöhe wahr.

Beim ersten Blick auf das Bild, fällt sofort der in verschiedenen Grüntönen gehaltene Raum auf. Das Grün reicht vom hellen Gelb-Grün bis zu einem sehr dunklen Waldgrün, gemischt mit Brauntönen und formt sich zu den verschiedenartigsten Blättern tropischer Gewächse. In einigen Blättern findet sich aber auch ein kühler Blauton wieder. Die Farben wirken entsättigt und nicht sehr kräftig.

Der Hintergrund wird bestimmt durch allerlei unterschiedlicher Pflanzen, die in beigen Blumenkübeln, vermutlich Terracottatöpfe, eingepflanzt sind. Man kann 4 Töpfe klar erkennen und erahnt weitere dahinter. Die Baume und Pflanzen sind gekennzeichnet durch ihre reiche Vielfalt an Variationen, es scheint so, als sehe man keine Art ein zweites Mal im dargestellten Bildausschnitt.

Einige wenige Pflanzen werden ergänzt durch feine Blüten, so befindet sich eine einzige rote Blüte rechts, ganz im Anschnitt, über einem riesigen fahnenartigen Blatt. Weitere Blüten entdeckt man etwas weiter links in einem der sichtbaren Töpfe. In ihm befindet sich ein Gewächs mit schmalen länglichen Blättern, welches gekrönt wird durch 5 violett-blaue kelchartige Blüten.

Im Anschnitt zur linken Seite erblickt man einen Blumentopf, der besonders auffällt, geschwungen ist er in einer antik anmutenden Form und mit blauer und weißer Farbe gemustert. Er steht er auf einem kleinen Sockel am äußersten Bildrand und beinhaltet eine Pflanze mit hellrosa gefärbten Blüten.

Im Vordergrund sieht der Betrachter eine ebenfalls dunkelgrüne Bank, die Halt durch einfache Streben bietet, die den Sitzbereich bilden. Außerdem befindet sich an der Rücklehne ebenfalls eine hohe Anzahl an kunstvoll geformten Streben, die zum Anlehnen einladen. Die Bank steht parallel zu den äußeren Bildkanten und deutet somit eine Horizontale durch das Bild an. Diese sichtbare Horizontale endet kurz vor dem blau-weißen Blumentopf.

Auf der Bank sitzt eine junge Frau und hinter der Bank steht ein bedeutend älterer Mann, der sich auf der Rückenlehne entspannt abstützt. Beide sind beinah lebensgroß dargestellt.

Die sitzende Frau lehnt ebenso entspannt an der Seitenlehne der Bank, sie hat ihr Knie auf der Sitzfläche abgelegt, man nimmt es nur leicht unter dem Faltenwurf ihres bodenlangen Kleides wahr. Das Kleid hat eine blaue Farbe und eine lange dunkelblaue Knopfleiste, deren Ende man nicht deutlich sehen kann. In der Taille wird die Kopfleiste unterbrochen durch ein ebenfalls dunkelblaues Band. Der Hals wird geschmückt durch eine dunkelblaue Schleife am Kragen des Kleides. Ihr braunes hochgestecktes Haar verbirgt sie unter einem gelben aufgebauschten Hut, der so wirkt, als bestehe er aus hunderten feinen gelben Federn. Gehalten wird der Hut durch eine am Hals gebundene ebenfalls gelbe Schleife.

Die langen Arme des Kleides enden in weißen Rüschen, die das Handgelenk elegant umspielen. An der rechten Hand trägt sie einen metallenen Armreif über einen gelben Handschuh. Außerdem greift sie in dieser Hand fest nach einem feinen weißen Sonnenschirm mit einer großen Spitze. Diesen hat sie auf ihren Oberschenkel abgelegt.

Auf der Lehne der Bank ruht ihre Hand elegant und entspannt, ihr Handgelenk ist leicht nach oben gespitzt, gerahmt durch die Rüschen des Kleides. Da sie an dieser Hand keinen Handschuh trägt, sieht man einen doppelten goldenen Ring, der an ihrem Ringfinger steckt.

Ihr Gesicht ist sehr bleich, im Kontrast dazu stehen ihre rosigen Wangen, ihre kleinen Lippen sind leicht rund gespitzt und ihr Blick scheint erschöpft, freudlos und beinah starr. Ihre grünen Augen schauen ins Leere.

Durch den abgelegten Arm wird der Mann auf Distanz gehalten. Er steht dicht hinter der Bank und lehnt seine Unterarme an die Rückenlehne der Bank an, seine linke Hand liegt einige Zentimeter links von der der Frau. Er beugt sich leicht nach unten. Dennoch sind die beiden nicht auf einer Augenhöhe. Er trägt ein beiges Beinkleid und kreuzt seine Beine übereinander, dazu ein weißes Hemd, das leicht unter dem Ärmel der schwarzen Jacke herausblitzt. Auch die Stofflichkeit der dargestellten Materialen wird durch den Duktus nicht eindeutig herausgearbeitet. Der Strich wirkt flüchtig. Das Gesicht ist bis zu den Wangenknochen bedeckt, so auch der Mund, durch seinen dichten braunen Vollbart, der an der Nase in einem helleren Ton zum wilden Schnauzer wächst. Seine Haare trägt er nach hinten gekämmt und seine Geheimratsecken werden sichtbar. Die Augen sind zusammengezogen und wirken dadurch sehr klein, die Augenbrauen geben einen ernsten Eindruck. Sein Blick schaut ebenfalls ins Leere, er wirkt nachdenklich, aber die Blicke der Beiden treffen sich nicht, sie schauen in unterschiedliche Richtungen. Er schaut in die untere linke Bildecke und sie frontal aus dem Bildausschnitt nach rechts raus. Sie nehmen also unterschiedliche Bilder wahr. Auch der Betrachter wird nicht angeschaut und findet sich so ebenfalls in der Distanz zu den abgebildeten Personen wieder.

Die über die Lehne der Bank gestreckte linke Hand des Herrn hält zwischen zwei Fingern eine Zigarre, die noch angezündet wirkt, da weder Glut noch Qualm zu erkennen ist. Der Zeigefinger, der auch die Zigarre hält, zeigt auf die linke Hand der Frau, welche nur wenige Zentimeter entfernt zu seien scheint. Sie berühren sich aber nicht. Außerdem trägt er, im Gegensatz zur Frau, einen einfachen goldenen Ring am Finger der linken Hand.

Ihr äußeres Erscheinen lässt vermuten, dass sie Vertreter des Bürgertums sind.

Entgegen der Körperhaltung wirken die Gesichter der beiden angespannt. Es gibt also einen Widerspruch zwischen der entspannten Körperhaltung und den beinah verbissenen Gesichtern.

Formal erkennt man eine Diagonale im Bild, diese zieht sich durch den Kopf des Mannes, über den Kopf der Frau und die Blüten links und rechts am Kopf der Frau. Im Gegensatz dazu stehen die vielen kleinen Bankstreben, deren Verlängerungen sich wie Gitterstäbe durch das Bild ziehen würden und die beiden Personen voneinander trennen würden. Dadurch entsteht eine weitere Distanz neben der Diskrepanz der Augenhöhe zueinander. Außerdem wird der Raum auf eine kleine Fläche im Bild reduziert, er scheint erheblich größer zu sein, als dargestellt, denn der Kopf des Mannes befindet sich im Anschnitt, ebenso wie die Bank auf der die Frau sitzt, sie ist an der rechten Seite des Bildes angeschnitten. Der Hintergrund wirkt wie ein tropischer Urwald, man kann kein Ende erahnen, die Pflanzen verlaufen nach hinten ins Bräunliche.

Farblich wird der Eindruck der Distanz im Bild weiterhin bestärkt, die Farben wirken zwar nicht ausschließlich kalt, dennoch nehmen die kalten Farben einen erheblichen Teil des dargestellten Bild ein, nur das Gesicht des Mannes erstrahlt in warmen Tönen. Die Dame hebt sich durch die hellen kalten Farben eindeutig vom Hintergrund ab, wohingegen der Herr sich besser in den Hintergrund einfügt ohne mit ihm zu verschmelzen. Dadurch kann man das Bildgeschehen klar in 2 Ebenen gliedern. Die Bank bildet die Grenze zwischen diesen Ebenen. Der Mann streckt sich leicht über die Sitzbank hinaus und schafft somit eine Verbindung.

2. Forschungsfrage

Wer sind die Frau und der Mann? In welcher Beziehung steht der Maler zu Ihnen und in welcher Weise stehen Sie zueinander?

3. Forschungsstand

Edouard Manet's Werk ‚Im Wintergarten' zeigt eine junge Frau und einen Mann mittleren Alters, die ihre Position auf und an einer Bank einnehmen, die sich vor der Kulisse eines Wintergartens mit tropischen Pflanzen befindet.

Nach wenigen Blicken auf Manet's Werk ‚Im Wintergarten' (Dans la Serre) oder früher auch ‚Im Treibhaus' genannt, wird man befremdet von der unterkühlten gar einsamen Stimmung zwischen den beiden portraitierten Personen. Daher lauten meine zentralen Fragen zu diesem Werk, wer wurde hier vom Künstler Manet abgebildet und in welcher Beziehung stehen diese Beiden zueinander und darüberhinaus zu dem Maler. Im Folgenden werde ich versuchen mich im Besonderen diesen Fragen zu nähern und mögliche Antworten aus Quellen zu erhalten.

Laut Hirdt's Abhandlung des Werkes, indem er sich mit dem Bezug Manets Werkes zu Zolas Literatur auseinandersetzt, handelt es sich hierbei um das Ehepaar Jules Guillement und seiner amerikanischen Frau, die mit Edouard Manet eng befreundet waren. Bei den Beiden handelt es sich um Betreiber eines Bekleidungsgeschäftes aus Paris, wo sie besonders bekannt war für ihre Hutkreationen. Der Wintergarten in dem sie gezeichnet wurden, ist Bestandteil eines von Manet gemieteten Ateliers, es handelte sich laut Hirdt dabei um einen Trend aus den Jahren der Entstehung (1878/1879). [1]

Hirdt räumt ein, dass es sich bei diesem Bildnis um eins am wenigsten analysierten und zugleich auch am unsichersten und kontroversesten interpretierten Werke Manet's handelt. Dies erklärt die Quellenarmut mit stichhaltigen Aussagen zu diesem Kunstwerk des Künstlers aus der Zeit des Impressionismus.

Joel Isaacson äußert in seinen Artikel „Manet' Epathy" „It is clearly a sexual overture." und wertet die Situation als ‚sexuelle Ouvertüre' indem er die im Zentrum abgebildete Zigarre des Mannes als Phallussymbol für das sexuelle Begehren des Mannes sieht und sich die Frau mit dem Schirm auf ihrem Schoß in abwehrende Haltung gegenüber der ‚phallisches Aggressivität' begibt. [2] Die Unbestimmbarkeit, so Crary, sei der entscheidende Aspekt in diesen Bild und mutmaßt, dass es sich hierbei möglicherweise um ein unerlaubtes Rendezvous zwischen den beiden Dargestellten handelt.[3]

Doch 1974 erkannte Karl Hermann Usener in dem Artikel ‚Edouard Manet und die Vie Moderne' bei den Dargestellten schon das Ehepaar Guillement[4], was gegen die Theorie des unerlaubten Treffen der Beiden von Crary spricht.

Zumindest wird jedem Betrachter schnell klar, dass hinter den Blicken der Beiden, die einander nicht treffen, eine tiefere Bedeutung steckt. Lilli Fischel nennt es sogar „ein in sich verlorenes Abwesendsein"[5] und ein „seelisches Fernsein" der Dame[6], was die Situation in sehr anschauliche Worte fasst.

Usener deutet die starre Situation als ein mögliches Gespräch[7] und auch Fischel erkennt darin das angedeutete Gespräch der beiden Personen und schreibt, dass nur mit einer kleinen Wendung des Gesichtes der Frau sofort die Stimmung des ganzen Gemäldes zerstört werden würde und so ein Genrecharakter entstehe. [8]

---

[1] Willi Hirdt: Manet und Zola: Zur Symbiose von Literatur und Kunst / Willi Hirdt. – Francke, 2001 - S.09

[2] Willi Hirdt: Manet und Zola: Zur Symbiose von Literatur und Kunst / Willi Hirdt. – Francke, 2001 - S.12

[3] Willi Hirdt: Manet und Zola: Zur Symbiose von Literatur und Kunst / Willi Hirdt. – Francke, 2001 – S.13

[4] Karl Hermann Usener - Edouard Manet und die Vie Moderne - Marburger Jahrbuch für Kunstwissenschaft, 19. Bd. (1974), pp. 9-32, S. 27

[5] Lilli Fischel - Von der Bildform der Französischen Impressionisten - Jahrbuch der Berliner Museen, 15. Bd. (1973), pp. 58-154; S. 72

[6] Lilli Fischel - Von der Bildform der Französischen Impressionisten - Jahrbuch der Berliner Museen, 15. Bd. (1973), pp. 58-154; S. 122

[7] Karl Hermann Usener - Edouard Manet und die Vie Moderne - Marburger Jahrbuch für Kunstwissenschaft, 19. Bd. (1974), pp. 9-32, S. 27

[8] Lilli Fischel - Von der Bildform der Französischen Impressionisten - Jahrbuch der Berliner Museen, 15. Bd. (1973), pp. 58-154; S. 122

Eine Zitation Hirdts von Claude Keisch belegt, dass sich Manet öfters solchen scheinbar gefühlsarmen Personenkonstellationen annimmt und macht dabei klar, dass die Frau trotz ihrer „Abwesenheit" den Raum gänzlich einnimmt, dieser äußerte: „Der Ausdruck der schönen Frau – zwischen Teilnahmslosigkeit und Hochmut – bestimmt das Klima des Bildes ‚Wo hat man je eine Frau gesehen, die den Raum, in welchen sie sitzt, derart in Besitz nimmt wie es diese tut?' Doch solch innere Entfernung, ein solches Vorbeiblicken an Betrachtern wie Bildpartnern bemerkt man bei Manet häufiger. (...)" [9]. Der fehlende Blickwechsel zwischen dem Ehepaar Guillement, so Willi Hirdt, zähle zu den am häufigsten angesprochenen Bestandteilen dieses Werkes. Und diese Tatsache habe an Untersuchungen in diesem Gemälde zu stark voneinander abweichenden Ansichten und Ergebnissen geführt.[10]

Die *Serre,* der Wintergarten, sei trotz seiner monotonen und floral dürftigen Beschaffenheit, mit seinen chinesischen Hibiskusblüten, die sich besonders um Mme Guillement Kopf versammeln, zu deuten als Symbol des sinnlichen Begehrens und knüpft somit an das Phallussymbol der Zigarre an und so werde ein erotisch-sexueller Kontext erzeugt. Dennoch wird durch die auf dem Boden liegende, hinuntergefallene Blüte, der Eindruck der Vergänglichkeit einer sich anbahnenden Beziehung erzeugt. [11]

Ohne Zweifel bleibt, dass es sich um eine eheliche Beziehung zwischen den beiden dargestellten Personen handelt, die aber vermutlich unausgesprochene Probleme beinhaltet. Die Annahme eines verbotenen Rendezvous erscheint mir also äußerst zweifelhaft und wurde bereits durch unterschiedliche Quellen widerlegt.

Doch der Tatbestand der starren Situation, die nur vage ein möglicherweise unterbrochenes Gespräch vermuten lässt, bleibt erhalten. So räumt auch Usener ein, dass trotz der Nähe der Hände auf der Rückenlehne der Bank, die wie eine Barriere zwischen dem Ehepartner fungiert, keine wirkliche Beziehung geschaffen werde. Im Weiteren äußert er, dass die Eheleute „in einen solch beziehungslosen Bei-sich-Sein" wie Entfremdete erscheinen.[12] Mein persönlicher Eindruck vom Werk wird in diesen Worten treffend zusammengefasst, denn auch ich hatte das Gefühl, dass zwischen den Beiden zwar die körperliche Distanz auf dem Gemälde gering ist,

---

[9] Willi Hirdt: Manet und Zola: Zur Symbiose von Literatur und Kunst / Willi Hirdt. – Francke, 2001 - S.40

[10] Willi Hirdt: Manet und Zola: Zur Symbiose von Literatur und Kunst / Willi Hirdt. – Francke, 2001 - S.43

[11] Willi Hirdt: Manet und Zola: Zur Symbiose von Literatur und Kunst / Willi Hirdt. – Francke, 2001 - S.54

[12] Karl Hermann Usener - Edouard Manet und die Vie Moderne - Marburger Jahrbuch für Kunstwissenschaft, 19. Bd. (1974), pp. 9-32, S. 28

doch die Gedanken und persönlichen Gefühle scheinen meilenweit voneinander entfernt, was durch die konträren Blicke eindringlich dargestellt wird.

Es wirkt wie das Auseinanderleben nach einigen Ehejahren, aber der elegante Schein soll weiterhin gewahrt bleiben.

So beschreibt Karl Hermann Usener, dass „über dem Ganzen ein Hauch von gepflegter Eleganz und Kultiviertheit" liege und er meint, dass Manets Werke oft als Inhalt das zentrale Thema der Entfremdung der Menschen in der vie moderne beinhalten, diese aber immer verbunden seien mit den Momenten der Schönheit, der kultivierten Eleganz von Gebärden und der Schönheit der Malerei.[13]

Die Quelle „Manet und Zola: Zur Symbiose von Literatur und Kunst", deutet das Manets Werk vor dem Hintergrund der literarischen Werke seines engen Freundes Zolas, darüberhinaus bietet es aber auch verschiedenste Ansichten über die Deutung des Gemälde.

Am stichhaltigsten erscheint mir persönlich, aber die Deutung der Entfremdung der beiden Ehepartner, die durch die Barriere der Bank zusätzlich verstärkt wird. Diese Deutung wurde auch in einigen der andern mir vorliegenden Quellen angesprochen, wie ich bereits zitierte. Klar wird auch, dass es sich um ein äußerst in der Interpretation umstrittenes Werk aus dem Impressionismus handelt und auch andere Deutungen durchaus nachvollziehen kann, wenn ich sie auch nicht für die Wahrscheinlichsten halte.

Abschließend lässt sich klar beantworten, dass es sich um das Ehepaar Guillement handelt, die in dieser Zeit eine modische Boutique in Paris besaßen, außerdem waren Sie enge Freunde Manet. Die Tatsache der entfremdeten Darstellung dieser Beiden, bleibt aber auch in kunsthistorischen Kreisen umstritten. Vielleicht liegt es auch nicht in der Macht eines Betrachters, das komplexe Ehelebens eines Paares anhand eines einzelnen Portraits der Beiden zu entschlüsseln.

---

[13] Karl Hermann Usener - Edouard Manet und die Vie Moderne - Marburger Jahrbuch für Kunstwissenschaft, 19. Bd. (1974), pp. 9-32, S. 28